古代人的一天

詩人的一天

One Day of
the Chinese Poets

一天

段張取藝工作室　著／繪

三民書局

國家圖書館出版品預行編目資料

詩人的一天／段張取藝工作室 著/繪.－－初版二刷.
－－臺北市：三民，2021
面；　公分.－－（古代人的一天）

ISBN 978-957-14-7034-4　（平裝）
1. 中國史 2. 中國詩 3. 通俗史話

610.9　　　　　　　　　　　　　　109018393

《 古代人的一天 》

詩人的一天

| 作　　者 | 段張取藝工作室 |
| 繪　　者 | 段張取藝工作室 |

發 行 人	劉振強
出 版 者	三民書局股份有限公司
地　　址	臺北市復興北路 386 號 (復北門市)
	臺北市重慶南路一段 61 號 (重南門市)
電　　話	(02)25006600
網　　址	三民網路書店 https://www.sanmin.com.tw

出版日期	初版一刷 2021 年 1 月
	初版二刷 2021 年 7 月
書籍編號	S630560
I S B N	978-957-14-7034-4

© 段張取藝 2020
本書中文繁體版由湖南段張取藝文化傳媒有限公司
通過中信出版集團股份有限公司授權三民書局
在中國大陸以外之全球地區（包含香港、澳門）獨家出版發行。
ALL RIGHTS RESERVED

圖書許可發行核准字號：文化部部版臺陸字第 109034 號

三民書局

前言

　　一天，對於今天的我們，可以足不出戶，也可以遠行萬里；可以柴米油鹽，也可以通過網路了解全世界。那麼，一個有趣的想法冒了出來：古代人的每一天會怎麼過？我們對古代人的了解都是透過史書上的一段段文字和故事，從沒有想到他們的一天會是什麼樣子。他們是不是也和我們一樣，早上起來洗臉刷牙，一日吃三餐；晚上，他們會有什麼娛樂活動呢？基於這樣的好奇心驅使，我們開始進行創作，想把古代人一天的生活場景展現在讀者面前。

　　我們在進行「古代人的一天」系列書的創作時，以古代的身分（或職業）來進行分類，有皇帝、公主、文臣、武將、俠客、畫家、醫生、詩人等等。每種身分（或職業）有其不一樣的生活、工作。比如，詩人的日常生活是否像他們的詩歌一樣波瀾壯闊、燦爛精彩？那些膾炙人口的千古名句是在什麼歷史背景下創作出來的？《清明上河圖》、《韓熙載夜宴圖》、《瑞鶴圖》這些享譽海內外的中國名畫的繪者是什麼人？他們幼時是否受過良好的藝術啟蒙？這些畫怎麼樣構思出來的？通過繪畫要表達什麼內容？古代的中醫，如扁鵲、華佗、張仲景等是如何給病人治病？他們像今天的醫生一樣待在醫院上班看診嗎？醫生是如何替人診斷的？有哪些傳世的成就？

　　然而，古代人的一天是無法回溯的，古人對時間的感受也和我們不一樣。為了幫助讀者更容易理解古代人的一天是如何度過的，我們在豐富的歷史資料的基礎之上，架構了古代人的一天。

　　我們在創作當中精細地設置了時間線，書中的「一天」指的是故事從開始到結束整個過程的時間，而不是嚴格意義上的 24 小時自然時間，書中貫穿每一個人物一天的生活和工作的時間線，也不是按照等分的時間長度來劃分的，時間線的創意設計是為了幫助讀者更容易了解故事發展脈絡。

　　在《詩人的一天》當中，我們根據七位詩人的詩詞，依託各種考證資料來還原出詩人們創作的背景，詩人們有的憂國憂民，有的藉酒抒情，有的感嘆命運，有的表達志向……不同的境遇產生不同的創作心境，使得詩人們能創作出各種膾炙人口的經典名篇。我們通過展現詩人們一天的故事來讓讀者看到這些創作背後的具體情境，對詩人們的生活創作有一個更為立體的認知和理解。

　　在創作《詩人的一天》的具體內容時，需要對一些歷史事件進行濃縮，使一天的內容更為緊湊、豐富，我們借鑑了郭沫若先生在創作《屈原》以及《蔡文姬》的故事時所採用的手法，把精彩的故事濃縮在一天來呈現，這也是為了讓讀者更深入地理解歷史。

　　希望我們的努力能讓「古代人的一天」成為讀者喜歡的書，能夠讓讀者從一個新的視角去看待中國歷史，從而喜歡上中國歷史故事。

張卓明

2020 年 3 月

目　錄

屈　原

我志向高潔，世人卻不能容忍。

陶淵明

對我來說，喝酒比什麼都重要。

賀知章

少小離家老大回，鄉音無改鬢毛衰。

李　白

我可是詩人中的劍術高手。

　　詩歌是中華傳統文化中璀璨的寶石，詩人正是這些寶石的創造者。

　　在我們的歷史中，古代的讀書人都以會寫詩為榮，上至帝王將相，下至布衣書生，人人都會寫詩，人人都喜歡讀詩。我們從中選了七位詩人來講述他們的故事，從他們的故事裡，我們可以看到詩人的日常生活，了解詩人們生活的時代，以及他們創作的詩歌及其背景等。讓我們打開書本，一起進入詩人們的世界吧。

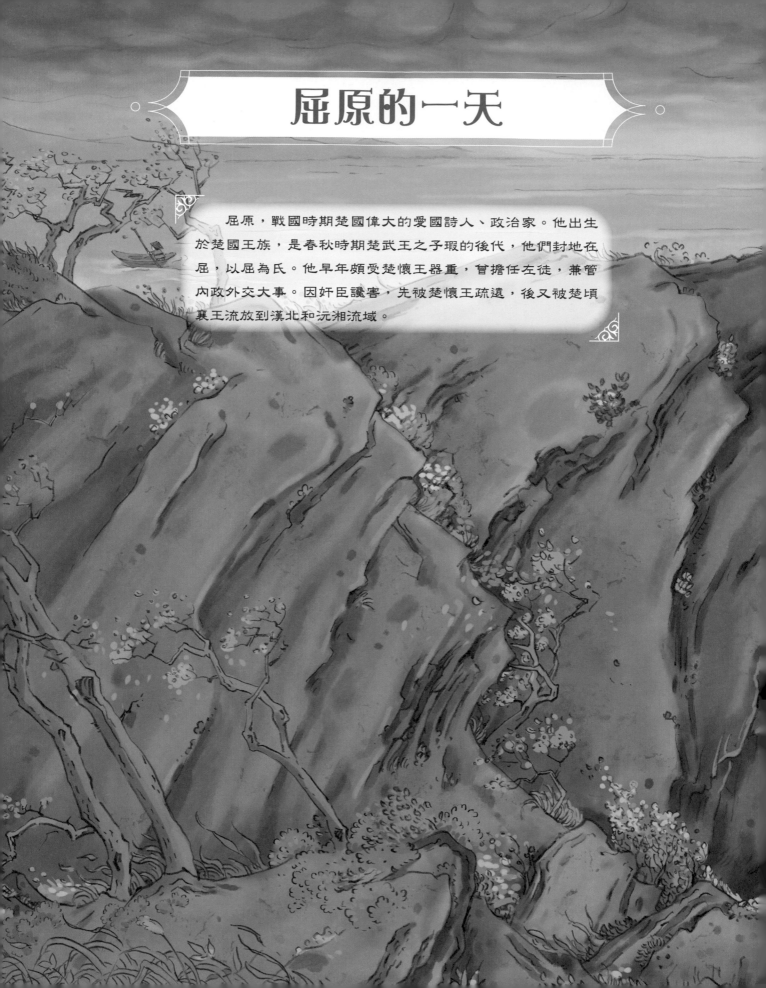

屈原的一天

屈原，戰國時期楚國偉大的愛國詩人、政治家。他出生於楚國王族，是春秋時期楚武王之子瑕的後代，他們封地在屈，以屈為氏。他早年頗受楚懷王器重，曾擔任左徒，兼管內政外交大事。因奸臣讒害，先被楚懷王疏遠，後又被楚頃襄王流放到漢北和沅湘流域。

屈原前傳

大王，法令必須儘快擬定出來。

愛卿說的極是。

楚懷王

屈原

也曾為楚王所器重

早年，楚懷王任命屈原為左徒，與他一起商議國家大事，對內讓他參與擬定政令，對外還讓他接待國外來訪的賓客，出使其他國家。

大王，屈原在外面到處吹噓自己的功勞。

豈有此理！

上官大夫

卻遭讒言陷害

可是好景不長，同朝的上官大夫為了獲得楚懷王的寵信，故意對楚懷王說屈原到處誇耀自己的功勞，自以為擬定法令除了他以外，沒人做得了。楚懷王聽了之後十分生氣，疏遠了屈原。

冤枉啊！

快走吧！

屈原

貶官

很快，屈原被罷黜左徒的官職，離開郢都，來到漢北地區。

機會似乎也曾降臨過

楚懷王後來也曾重新起用過屈原。屈原接到楚懷王命令出使齊國，修復被秦相張儀破壞的齊楚關係，他竭力為齊楚聯盟出謀劃策。

張儀的嘴

不幸的是，楚懷王一而再、再而三地被秦相張儀所蠱惑，一步步地墜入張儀設計的圈套當中，一次次破壞齊楚聯盟，丟失國土。屈原的忠言卻成了逆耳之言，他被楚懷王再次疏遠。

不該去秦國的楚懷王

西元前 299 年，楚懷王準備去秦國和談，屈原攔著楚懷王說：「秦國是虎狼之國，不能相信它，大王您不能去。」楚懷王的小兒子子蘭卻堅持認為不能同秦國斷絕友好關係，慫恿楚懷王前去秦國。於是，楚懷王去了秦國，結果中了秦人的計謀，秦國要求楚國割地才放歸楚懷王。楚懷王被扣留後死在了秦國。

《　令　尹　》

春秋、戰國時期楚國最高行政長官，輔佐楚王掌管全國軍政事務，任此職者多出身於楚國王族。楚懷王的兒子子蘭就擔任過令尹。

《　左　徒　》

戰國中期楚國設置的官職，代表楚王處理內外國務，左徒可直接升任令尹。

《　三閭大夫　》

戰國時楚國特設的官職，掌管楚國王室宗族屈、景、昭三大氏族的相關事務。

被流放

楚懷王的太子橫（楚頃襄王）即位之後，屈原因為楚懷王的死，痛恨已擔任令尹的公子子蘭，子蘭讓上官大夫在楚頃襄王面前讒毀屈原。屈原被免去官職，放逐南方。十多年後，秦將白起攻下楚國重城郢都，楚王率臣子出逃，而屈原則來到了汨羅江畔。

午正 (12:00)
苦悶的屈原

　　秦國攻下楚國郢都已經好多天了，楚國權貴逃亡的消息不絕於耳，屈原更加苦悶，無心吃飯，也無心做事。他在汨羅江畔蹣跚而行，嘴裡念念有詞，面色憔悴，形銷骨立。

整個世界都是渾濁的，只有我是乾淨的；所有的人都沉醉著，唯有我是清醒的，所以我被流放到這裡！

這樣渾濁的世界，讓我透不過氣來。

未初三刻 (13:45)
世人皆醉我獨醒

　　屈原不禁仰天長嘆，痛訴世道黑暗，自己的高潔與這個污濁的世界格格不入。

未初二刻 (13:30)
遇到一位漁夫

　　一個漁夫在江邊看到了屈原，覺得很奇怪，就停下來詢問屈原出現在這裡的原因。

這不是屈大人嗎？您怎麼在這裡呢？

整個世界都渾濁，為什麼不隨波逐流？何必要行為超脫世俗，而使自己被放逐呢？

……

香草美人

屈原喜歡在詩歌中用「香草美人」來象徵明君、賢臣，繼承並發揚了《詩經》的比興手法。其主要作品有《離騷》、《九歌》、《天問》等。

・未正 (14:00)
想開點

　　漁夫聽了屈原的話，就勸他，聖人能不拘泥於任何事物，並順應世俗的變化，如果世人都是渾濁的，你可以隨波逐流。

・未正一刻 (14:15)
《懷沙》

　　漁夫唱道：「滄浪之水清兮，可以濯吾纓，滄浪之水濁兮，可以濯吾足。」屈原卻堅持不肯與世俗同流合污。他吟唱《懷沙》一詩，表明自己的心志。

我要舒展愁眉，消除悲傷，最後的辦法就是死去！

我寧願投身汨羅江，葬身魚腹，也不願蒙受世俗的污染！

申初 (15:00)・
抱石沉江

　　屈原站在江邊沉思了一會兒，最終抱著石頭，跳入了湍急的江水中。

陶淵明的一天

陶淵明，又名潛，字元亮，號五柳先生，東晉田園詩人，著有《陶淵明集》。曾任江州祭酒、鎮軍參軍等職，他最後一次出仕時擔任過彭澤縣令，八十多天便棄官歸隱。從此，以飲酒賦詩為樂。

正在採菊的陶淵明

菊花酒

重陽佳節，中國民間有飲菊花酒的傳統習俗。菊花酒，在古代被看作是重陽必飲、袪災祈福的「吉祥酒」。

未正 (14:00)
酒興來了卻找不到酒喝

　　重陽節這天，陶淵明倚窗而坐。窗外美景勾起了陶淵明的酒興，於是他翻遍了家裡的酒壺，但是沒有找到一滴酒。

未正二刻 (14:30)
不如採點菊花來釀酒

　　陶淵明沒有酒喝，十分掃興，決定出門走走。走到東邊時，看到菊花開的十分絢爛，他一心動，走進花叢中去採摘菊花。

菊　花

菊花是「花中四君子」之一，被賦予了與世無爭、不慕榮華的品格。因大隱士陶淵明偏愛菊花，菊花也就慢慢成為古代文人心中隱士的象徵。

飲　酒

秋菊有佳色，裛露掇其英。
泛此忘憂物，遠我遺世情。
一觴雖獨盡，杯盡壺自傾。
日入群動息，歸鳥趨林鳴。
嘯傲東軒下，聊復得此生。

申初 (15:00)
採菊歸來

採了一大把各式各樣的菊花後，陶淵明覺得有點累了，坐在籬笆旁邊的石頭上休息。

申初一刻 (15:15)
有朋自遠方來

過了一會，陶淵明遠遠地望見有個穿白衣的人向他走來。走近之後，才發現白衣人是他的朋友江州刺史王弘，原來是王弘來給他送酒了。

申初二刻 (15:30)
終於有酒喝了

陶淵明當即席地而坐，與王弘喝起酒來。喝得興起，陶淵明拿出他的琴，嘴裡哼著曲子，彈奏起來。王弘見了，覺得十分有趣。

《 王 弘 》

琅琊王氏子弟，他父親王珣是著名的書法家，有《伯遠帖》傳世。他年少時就聰明好學，以清悟知名，曾任江州刺史（江州的軍事行政長官），在任時省賦簡役，百姓過得很安定。

申正 (16:00)
量尺寸

王弘看見陶淵明的鞋子破了，便吩咐手下的人幫他做鞋子。手下的人詢問陶淵明腳的大小，陶淵明便伸出腳讓他們測量。

> 有點癢！哈哈！

> 陶先生，忍著點。

無弦琴

陶淵明不怎麼會彈琴，家裡有一張沒有裝飾的琴，琴上也沒有琴弦，每逢飲酒聚會的時候，便拿出來撫弄一番，來抒發他的心意。

> 我就是瞎哼哼。

> 山氣日夕佳，飛鳥相與還。此中有真意，欲辨已忘言。

> 好詩！好詩！

酉初 (17:00)
《飲酒》一首

酒酣興起，陶淵明便賦《飲酒》一首：
結廬在人境，而無車馬喧。
問君何能爾，心遠地自偏。
…………
王弘聽後大加讚賞。

> 我醉了，想睡了，你自己回去吧。

酉正 (18:00)
我醉欲眠卿可去

幾壺酒下肚，陶淵明有些醉了，就告訴王弘自己醉了想睡了，他可自行離去。王弘在心中暗嘆：陶淵明的率真之處就在於此啊！

葛巾漉酒

陶淵明正在釀酒，郡守前來探望他。適值酒熟，陶淵明順手取下頭上的葛巾漉（水慢慢的下滲）酒，漉完之後，又把葛巾戴回頭上。

顏公付酒錢

顏延之在尋陽（今湖北黃岡境內）做官時，和陶淵明交情很好。後來顏延之前往始安郡這個地方當官，經過陶淵明住的地方時，便天天去陶淵明家喝酒，不醉不歸。離開的時候，顏延之留下兩萬錢給陶淵明，陶淵明把錢全部送到酒家，以便他之後直接去那裡拿酒。

不為五斗米折腰

陶淵明當彭澤縣令時，上司派督郵來到彭澤縣，縣吏讓陶淵明穿得整整齊齊地去恭迎，不然就會有失體統，督郵要是趁機大做文章，會對陶淵明不利。陶淵明長嘆一聲：「我不能為五斗米向鄉里的小人折腰！」說完便辭職，離開了只當了八十多天縣令的彭澤。

備受追捧的陶淵明

陶淵明在文學史上有極其重要的地位。鍾嶸的《詩品》稱他為「古今隱逸詩人之宗」。歷代有成就的詩人中，有很多人受到他的文學薰陶，以至後世的「擬陶」、「和陶」詩不下千首。李白、杜甫、白居易、蘇軾、陸游等大詩人都表示過對陶淵明的讚美與仰慕。

賀知章的一天

賀知章，字季真，號四明狂客，越州永興（今浙江杭州蕭山區）人，唐代詩人、書法家。他性情豪放曠達，人稱「詩狂」，在當時很受文人雅士景仰。天寶三載（744 年），賀知章告老歸鄉，上至皇帝，下到百官，都為他送行。

賀知章

臣老了，身體不好，想請陛下恩准退休。

賀愛卿辛苦了，好好回家休養，朕會想你的。

唐玄宗

賀知章

辭官回家

天寶三載，賀知章因生病而精神恍惚，便上書皇帝請求讓他成為道士，想返回故鄉，還捐出他故鄉的住宅作為道觀。

太子送行

賀知章離京時，唐玄宗親自作詩相贈為他送行。太子和百官都前來為賀知章送行。

老師走了，我再也聽不到您的教誨了。

天下沒有不散的宴席，請太子殿下好好保重。

太子李亨

賀老，此一別，不知何日能再相見。

李白

賢弟珍重！你這人性情張揚，在官場上只怕會吃虧呀。

李白捨不得

李白也來送行了，看著這個才華橫溢的後輩，賀知章心中不捨，但更多的是為他擔心。李白太桀驁不馴，不適合在京城的官場生存。

賀知章爬牆頭

唐玄宗的弟弟岐王李範去世後，有詔書命禮部挑選貴族子弟充當挽郎。可是僧多粥少，擔任禮部侍郎的賀知章沒處理好，貴族子弟為此圍住禮部吵個不停。賀知章只好踩著梯子登上牆頭，和大家解釋，當時人們都因為這件事嗤笑他。

《　挽　郎　》

即出殯時牽引靈柩、唱頌挽歌的少年。歷史上南朝至宋朝時設立，均由官員子弟擔任，是進入仕途的方式之一。一旦治喪完畢，挽郎的檔案將移交吏部，供分配提拔。

掉到井裡的賀知章

杜甫的《飲中八仙歌》，第一個寫的就是賀知章。「知章騎馬似乘船，眼花落井水底眠」。這句詩說的是賀知章喝醉了，在馬上搖搖晃晃的就像坐船一樣，之後他不小心掉到了井裡，居然就躺在井底睡著了。

賀知章的雅號多

賀知章與張若虛、張旭、包融並稱「吳中四士」，與李白、李適之、張旭等人合稱「飲中八仙」，又與陳子昂、盧藏用、宋之問、王適、畢構、李白、孟浩然、王維、司馬承禎等人合稱「仙宗十友」。

賀知章

巳初 (9:00)
遠遠地看到了家鄉

　　從客棧出發後，賀知章一路走、一路看，心中感慨萬千。離開幾十年之後，他終於回到了久違的家鄉。

巳正 (10:00)
牧童在村口玩耍

　　風和日麗，綠柳掛在枝頭，讓人百看不厭，一群孩子歡蹦亂跳地在村口奔走嬉戲。

巳正一刻 (10:15)
鄉音未改

　　孩子們看到一個陌生的白鬍子老頭出現在面前，紛紛擁了上來，賀知章說著一口家鄉話與孩子們問好。孩子們看著這個陌生的老人，嘰嘰喳喳地問了起來。賀知章被他們這一問，居然有點答不上來。

午初 (11:00)
回家看看

賀知章在孩子們的指引下回到了闊別多年的家，看到姪子出門迎接，他心情激動不已。

未正 (14:00)
四處走走

凳子還沒坐熱，賀知章便起身想四處走走看看。

申初 (15:00)
感嘆物是人非

山還是那座山，鏡湖也還是那個鏡湖，只是當年意氣風發的少年已成了風燭殘年的老人。

神清志逸，學富才雄

回鄉後不久，賀知章便安然離世。賀知章一生學識淵博、風流倜儻，李白稱他「風流賀季真」，好友張旭說他「賀八清鑒風流千載人也」。

李白的一天

李白，字太白，唐代浪漫主義詩人，人稱「詩仙」，年少時就頗有才氣，為人放蕩不羈，超凡脫俗，後入職翰林院，仍不改狂放之性。李白十分喜歡喝酒，自稱「酒中仙」，常流連於酒樓之間。

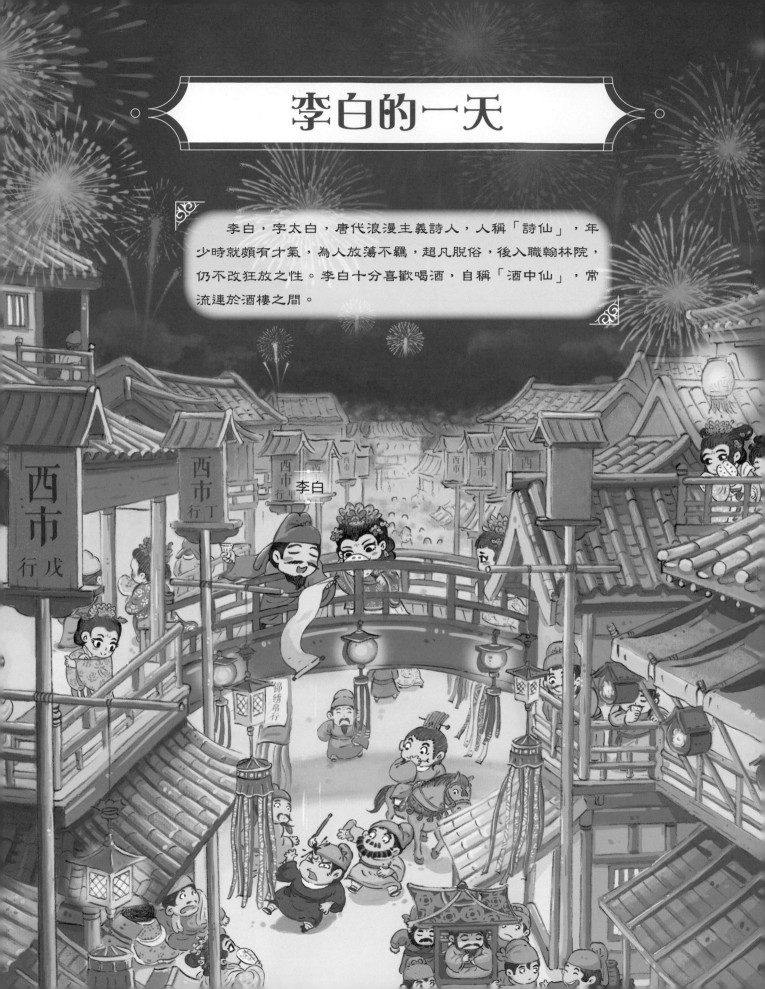

謫仙人

賀知章出生於 659 年，李白出生於 701 年，兩人相差四十二歲。李白初到長安時曾拜見了賀知章。賀知章讀完李白的詩文後，不由得讚嘆李白是謫居世間的仙人。

賀知章　李白

官場失意的李白詩歌越寫越好

被皇帝賜金放還之後的李白和友人岑勳、元丹丘飲酒作樂，寫出了《將進酒》這樣的千古名篇。

岑勳

元丹丘

一起遊山玩水的好時光

杜甫比李白小十一歲，他十分崇拜李白。現存杜甫的詩中，和李白相關的詩就有近二十首。

天寶三載，李白和杜甫相約一起去河南遊玩，後來又同遊齊魯，一起同行的還有高適。這段時間他們一起飲酒賦詩，訪道求仙，甚至準備採藥煉丹。李白和杜甫友誼甚篤，看起來比親兄弟還要親熱。

賜金放還

李白得不到朝廷的賞識，心灰意冷，懇求唐玄宗讓自己回山隱居，於是唐玄宗賜給他錢，放他回山。

誤加入軍隊的李白

安史之亂中，李白急於為國出力，結果誤入了永王李璘的叛軍。永王兵敗後，李白被朝廷追究責任，差點丟了性命。

巳初 (9:00)
沉香亭的牡丹盛開了

唐玄宗和楊貴妃在宮中的沉香亭觀賞牡丹，歌手李龜年帶著樂隊在一旁奏樂歌唱。皇帝感嘆沒有新詞配美人名花，於是命李龜年召李白進宮。

《 **牡 丹** 》

唐朝人也將牡丹稱為木芍藥。在開元年間有大紅、深紫、淺紅、通白四個品種。由於牡丹形態豐滿，顏色鮮豔，很符合當時繁榮昌盛的社會氛圍，所以牡丹也成為唐朝最受推崇的花。

> 與美人一起賞花，豈可用舊日樂詞？快去讓李白進宮！

楊貴妃

唐玄宗

遵旨！

李龜年

巳初一刻 (9:15)
急召李白進宮

李龜年出宮後，直接騎馬前往長安城裡有名的大酒樓去尋找李白。剛抵達酒樓外，就聽見有人唱道：

三杯通大道，一斗合自然。
但得酒中趣，勿為醒者傳。

李龜年想：這人不是李白還能是誰？

《 **李龜年** 》

唐朝開元初年的著名樂工，因與李鶴年、李彭年一同創作的《渭川曲》而倍受唐玄宗賞識，被稱為「樂聖」。

> 聖旨到！

> 快閃開！

> 哎喲！

李龜年

> 聖人在沉香亭宣召李白入宮，請速速隨我前去！

李白

巳初二刻 (9:30)
宣讀聖旨

李龜年走進酒樓，果然看見李白正和幾個文人暢飲，而且已經喝得酩酊大醉。李龜年大喊一聲聖旨到，眾人聽後，急忙下跪。

巳初三刻 (9:45)
酩酊大醉的李白

　　李白全然不理，張開醉眼，悠悠然唸了一句詩，便睡過去了。

我醉欲眠卿且去。

小心！

巳正 (10:00)
聖旨耽誤不得

　　李龜年向樓下一招手，七八個侍從一齊上樓，手忙腳亂地把李白抬上了門口的五花馬。

巳正一刻 (10:15)
長安街上眾人笑

　　侍從們扶著李白，怕他從馬上掉下來，李龜年則騎馬相隨在後，一路向宮門走去。

扶穩了，別摔著！

巳正二刻 (10:30)
皇上催啦

　　剛進宮裡，李龜年就接到唐玄宗的命令，讓他們趕緊前去沉香亭。一行人跌跌撞撞，終於來到了沉香亭。

> 終於到了。

> 今日賞花，想請你作幾首新詞助興。

> 臣失儀了，還請陛下恕罪！

李龜年　　李白

午初 (11:00)
李白驚醒

　　李白從美夢中驚醒，見到唐玄宗，大驚，忙跪下請罪。唐玄宗將李白扶起來，說明請他到沉香亭來的原因。

巳正三刻 (10:45)
醉得不省人事

　　唐玄宗見李白在馬上雙眸緊閉，還沒有醒過來，便叫內侍將他抬到玉床上休息，並讓侍從用冷水給他擦臉。

> 用點冷水醒酒。

> 李白，醒醒！

唐玄宗

午初一刻 (11:15)
譜寫《清平調》

李龜年拿來金花箋給李白，李白筆墨一揮，很快就寫出了三首。

三　絕

唐文宗李昂下詔，封李白的詩歌、裴旻的劍舞、張旭的草書為「三絕」。

李白

張旭　　　　裴旻

這詩太美了！

雲想衣裳花想容，
春風拂檻露華濃。

幫我脫掉靴子。

愛卿，乾杯。

午正 (12:00)
力士脫靴

《清平調》演奏結束後，唐玄宗又讓李白陪自己喝酒。沒想到李白喝醉後竟伸出了腳，讓宦官高力士給他脫掉靴子。高力士沒有辦法，只得給李白脫下靴子。當時，高力士地位尊貴，這件事是他生平的恥辱。

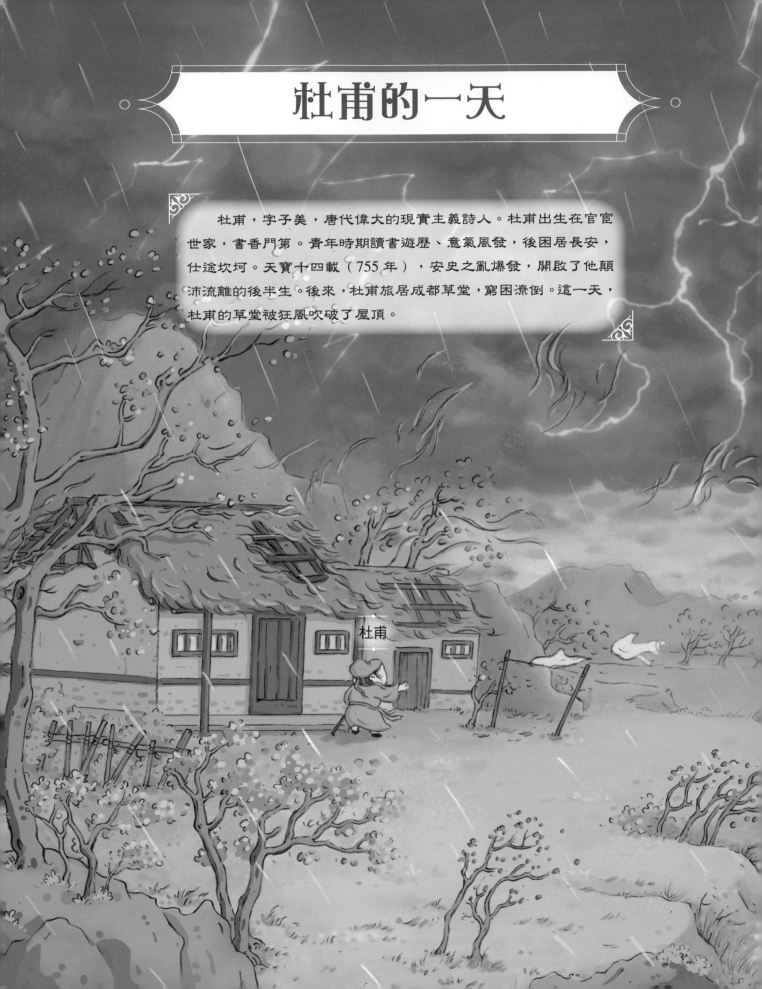

杜甫的一天

杜甫，字子美，唐代偉大的現實主義詩人。杜甫出生在官宦世家，書香門第。青年時期讀書遊歷、意氣風發，後困居長安，仕途坎坷。天寶十四載（755年），安史之亂爆發，開啟了他顛沛流離的後半生。後來，杜甫旅居成都草堂，窮困潦倒。這一天，杜甫的草堂被狂風吹破了屋頂。

杜甫

午初 (11:00)
八月秋高風怒號

　　仲秋八月，狂風大作，把杜甫家茅草屋頂上的茅草都給捲走了。茅草亂飛，飄過浣花溪，被風捲到了江對岸。

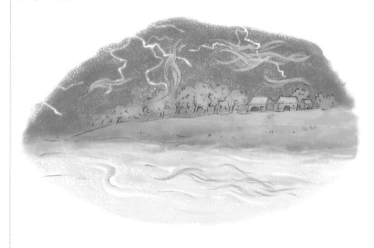

以後你就做左拾遺吧！

唐肅宗

多謝陛下！

杜甫

未初一刻 (13:15)
到處亂飛的茅草

　　飛得高的茅草掛在高高的樹梢上，杜甫踮起腳，舉著手杖，努力想將樹上的茅草取下來。

杜甫

快跑啊！

未正一刻 (14:15)
調皮的小孩子們

　　飛得低的茅草飄飄灑灑地落在池塘和窪地中，散落在平地的茅草都被南村嬉戲的小孩子們抱去玩耍。

古代人的名、字、號

古代人彼此有多種稱呼方式，字和號通常是供他人稱呼的，以表尊重。名則常用來自稱，但一些文人也會用號稱呼自己。這些號除了有文人自己取的，還有他人根據文人所得官職和封號加稱的，杜甫的別名杜拾遺就是這種類型。

未正二刻 (14:30)
還給我

　　小孩子欺負杜甫年紀大沒力氣，當著他的面把茅草抱進竹林。

未正三刻 (14:45)
怎麼喊也沒有用

　　杜甫跌跌撞撞、步履蹣跚地去追小孩子們，喊得口乾舌燥還是制止不住孩子的玩鬧，只好嘆著氣往回走。不一會兒風停了，烏雲如漆，一下子天就黑了。

公孫大娘的劍器舞

杜甫寫過一首《觀公孫大娘弟子舞劍器行》，說他小時候曾有幸見過公孫大娘的劍器舞，並提到草聖張旭看了公孫大娘的劍器舞之後茅塞頓開，悟出了筆走龍蛇的絕世草書。據傳，吳道子的繪畫也從公孫大娘的劍器舞中獲得過靈感。

戌正 (20:00)
漏雨的晚上如何度過

床上的被子已經蓋了多年，又冷又硬，布料變得輕薄。小兒子睡相不好，把被子都踢破了。屋頂到處都在漏雨，屋子裡濕成一大片。今晚，要怎麼睡？

漏成這樣，如何是好？

安得廣廈千萬間，大庇天下寒士俱歡顏！

亥正 (22:00)
長夜漫漫

杜甫倒了一杯黃酒，不由長嘆：什麼時候能有千萬間寬敞高大的房子，給天下窮困的讀書人住？這樣的話，我就是凍死也情願！

《 **名揚海外的詩聖** 》

唐代詩人韓愈曾盛讚李白、杜甫「李杜文章在，光焰萬丈長」。杜甫的詩早在五六百年前就在日本刊印過，在 1481 年被翻譯成朝鮮文，叫《杜詩諺解》。美國詩人肯尼斯·雷克斯羅斯也特別喜歡杜甫的詩，曾翻譯了三十五首杜甫的詩收錄在 1956 年出版的《中國詩歌一百首》中。

杜甫之死

唐代宗大曆年間，杜甫途經湖南耒陽。有一次他去遊岳祠，遇到江水暴漲，被困了十天，沒有吃的。後來，耒陽縣令派了一艘船把他救了回來，還送了他牛肉和白酒。杜甫喝得大醉，晚上便去世了，當時他才五十九歲。

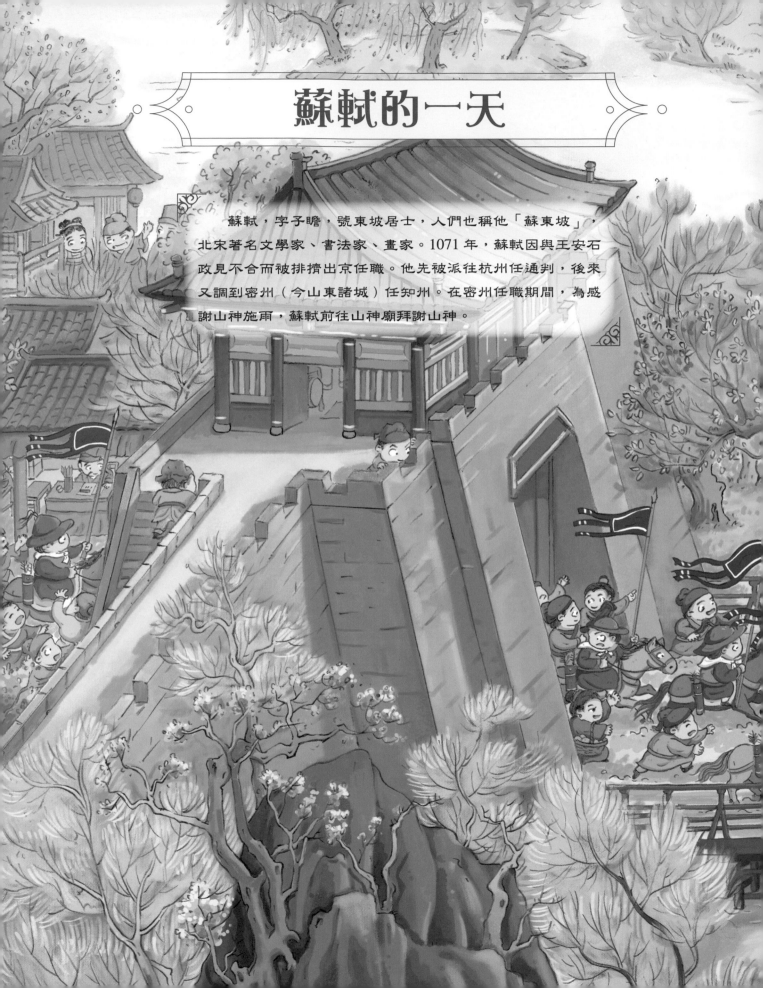

蘇軾的一天

　　蘇軾，字子瞻，號東坡居士，人們也稱他「蘇東坡」，
北宋著名文學家、書法家、畫家。1071 年，蘇軾因與王安石
政見不合而被排擠出京任職。他先被派往杭州任通判，後來
又調到密州（今山東諸城）任知州。在密州任職期間，為感
謝山神施雨，蘇軾前往山神廟拜謝山神。

蘇軾

巳初 (9:00)
祭山神

　　蘇軾率領大家一起去祭拜，歸來途中，還舉行了一場圍獵活動，幾乎全城的人都參加了這次活動，場面十分盛大。

感謝山神保佑密州風調雨順！

打獵啦！

巳正二刻 (10:30)
準備圍獵

　　祭拜完成後，蘇軾帶領大家準備圍獵活動，士兵們拿著長槍，舉著旗子，把黃茅岡團團圍住，擺開了狩獵長陣，準備出獵。

午初 (11:00)
興奮的黃狗

　　獵狗開始興奮起來，牠們狂叫著，向樹林裡奔去，準備把藏在裡面的動物驅趕出來。

汪！汪汪！

午初一刻 (11:15)
獵物出來了

　　獵物被喧囂的聲音所驚擾，四處亂竄，不料，卻陷入人們早已設下的圈套中。

咻一！

未初 (13:00)
蒼鷹逐兔

蒼鷹在低空追逐著野兔，捕到獵物後，又迅速展翅高飛。

未正 (14:00)
彎弓搭箭

蘇軾和隨從們在看到獵物後紛紛彎弓搭箭，射向獵物。

我射！　蘇軾

未初二刻 (13:30)
策馬揚鞭

蘇軾策馬揚鞭，馳騁在秋天的勁風之中，只見駿馬鬃毛飄舞、馬蹄立空，揚起滾滾塵土。

會挽雕弓如滿月，西北望，射天狼。

未正二刻 (14:30)
意氣風發

看著這浩浩蕩蕩的狩獵景象，蘇軾頓時覺得自己這個書生也許能像前涼主簿謝艾一樣，成為一名儒將，手持羽扇，讓進犯西北邊疆的強敵灰飛煙滅。

大家跟上！

謝 艾

前涼名將，儒生出身，擔任過前涼主簿，官至酒泉太守，後來前涼國君任命他為大將，抵抗敵人的進攻。謝艾驍勇善戰，曾多次粉碎了敵人滅亡前涼的企圖。

申初二刻 (15:30)
興致來了喝點酒

　　興致勃勃的蘇軾和大家一起喝起酒來，美酒助興，令詩人豪情大發。喝著喝著，蘇軾想起了西漢時期的名將魏尚被貶的事情，想到朝廷對自己的不信任。而西北邊境戰事失利，蘇軾由衷地希望朝廷能重新起用他為國效力。

好酒要配好肉呀！

《 **東坡肉** 》

蘇軾被貶到黃州時，見黃州的豬肉價格很便宜，他便親自烹調豬肉，還作了一首《食豬肉詩》。此詩一傳十，十傳百，人們開始爭相模仿蘇軾燒的肉，並把這道菜戲稱為「東坡肉」。

陛下赦免了你的罪過。

馮唐

魏尚

酉正一刻 (18:15)
踏上歸途

　　黃葉徐徐飄落，大家看著收穫滿滿的獵物，心滿意足地踏上歸程。打獵的時候衣服上落滿灰塵，但是大家玩得很盡興，並不在意這些。

《 **馮唐與魏尚** 》

漢文帝時，魏尚為雲中太守，屢次打敗匈奴，後來由於在報功文書上記錄的殺敵數字與實際不符而被削職。馮唐認為判得過重，請求皇帝寬恕魏尚。漢文帝就派馮唐持節去赦免魏尚，讓他繼續擔任雲中太守。

欲把西湖比西子

蘇軾在密州當知州之前，曾任杭州通判。後來，他又來到杭州任職，曾主持疏濬西湖，利用挖出的泥土修建了蘇堤，還寫下著名的《飲湖上初晴後雨》來讚美西湖景色。

蘇軾

一蓑煙雨任平生

蘇軾被貶黃州時，有一次去沙湖看田，回來的路上忽然下起了大雨，因為蘇軾讓隨從帶著雨具先行離開了，所以同行的人都淋得很狼狽。蘇軾卻毫不介意，他聯想到自己人生的坎坷，寫下了一首千古流傳的《定風波》（莫聽穿林打葉聲），表達了自己的豁達與樂觀的人生態度。

再貶惠州：日啖荔枝三百顆

蘇軾的仕途一直不順，後來又被貶到地處嶺南的惠州（今廣東境內）。惠州盛產枇杷、楊梅和荔枝，大大滿足了蘇軾的吃貨之心，他特別愛荔枝，甚至作詩：「日啖荔枝三百顆，不辭長作嶺南人。」

無可救藥的樂天派

之後蘇軾又被貶到儋州，恰逢宋徽宗即位大赦天下，蘇軾北歸，途中於常州逝世。蘇軾一生屢遭貶謫，卻依然積極向上，林語堂評價蘇軾是一個無可救藥的樂天派。正是這樣的樂觀精神，才成就了蘇軾的偉大人格。

> ≪ 蘇軾和李清照的關係 ≫
>
> 李清照的父親李格非是蘇軾文學的傳人，「蘇門後四學士」之一。

好吃！

李清照的一天

李清照，宋代女詞人，婉約詞派代表，有「千古第一才女」之稱。少女時代的李清照天真爛漫、無憂無慮，優渥的家庭環境，使她在禮教森嚴的宋朝成為一名另類才女，大膽活潑、不拘小節。

李清照

李清照的少女時代和家人一起生活在北宋的都城汴京（今河南開封）。作為一個官宦世家的小姐，她的生活和所有少女一樣無憂無慮。

在露水尚濃、春花將落的清晨，微風習習、鳥鳴婉轉，院子裡的鞦韆在空中劃出一道道優美的弧線，羅衣輕揚，靈動如燕。

在夕陽即將落下的時候，獨自一個人撐著船，享受文人墨客的閒適，只顧盡興，划著划著迷路了。呼的一聲，驚起了湖中的鷗鷺。

少女時期的李清照還不知道愁的滋味，為賦新詞強說愁。等她認識趙明誠結婚之後，她的愛慕和羞澀，也被她寫到了詞中：「一種相思，兩處閒愁……才下眉頭，卻上心頭。」

辰正二刻 (8:30)
一覺睡醒

昨夜，雨雖然下得不大，風卻吹得很猛，李清照想起春天快要結束了，海棠花即將凋謝，心裡憂愁。她只好以酒消愁，喝醉了後一覺醒來，天已大亮。

李清照　頭昏昏沉沉。

愛花的女詞人

花是李清照寫詞時最常寫到的物象。在現今被確認為李清照的四十餘首詞中，有三十五首寫到花。而這三十五首詞中，直接提到花名的有二十八首。之所以如此頻繁地使用花意象，除了本人喜好，更多是因為寄託了深深的感情。晚年的李清照詞作經常將自己的命運與花的變遷緊密結合。這也是她詞作的特點之一。

巳初 (9:00)
趕緊問問

李清照想起昨夜的風雨，窗外一定是一片狼藉、落花滿地，卻又不忍親見，正好侍女來服侍起床，趁著侍女捲起窗簾時詢問一下。

海棠花開得好嗎？

才子佳人

十八歲時，李清照嫁給太學生趙明誠。婚後二人琴瑟和鳴，非常恩愛。趙明誠在太學求學期間，李清照給趙明誠寫了很多詞寄託相思，著名的有《醉花陰》，一句「莫道不銷魂，簾捲西風，人比黃花瘦」成為千古傳誦的佳句。

趙明誠　李清照

海棠花還是那樣。

……

午初 (11:00)
綠肥紅瘦

一想到海棠花謝、春季將過，自己的青春年華也會像這春天一樣逝去，李清照就越發傷感，便寫了一首詞來紀念。

知否，知否，應是綠肥紅瘦。

巳初一刻 (9:15)
反應遲鈍的侍女

可是侍女對李清照的心事毫無覺察，捲起窗簾、看了看外面之後，對窗外發生的變化無動於衷。

巳初二刻 (9:30)
真的是這樣嗎？

李清照聽到答話後感到疑惑不解。她想：雨疏風驟之後，海棠怎會依舊呢？這個粗心的丫頭！園中的海棠應該是綠葉繁茂、紅花稀少才是。

國家憂思

快樂的日子總是短暫的。1127 年，金朝攻占了北宋都城汴京，北宋滅亡，李清照和趙明誠開始了顛沛流離的生活。

但是天有不測風雲，1129 年，趙明誠病逝，失去丈夫的李清照大病一場。面對逃亡生活的無情折磨，李清照開始關注當時的國家大事，在歌頌忠臣良將、暗諷當朝皇帝昏庸之餘，不時懷念往事，在將人生與國家經歷結合後，發出「這次第，怎一個愁字了得」的喟嘆。

李清照的一天

43

古代計時方式

【 古代十二時辰與現代 24 小時制對照圖 】

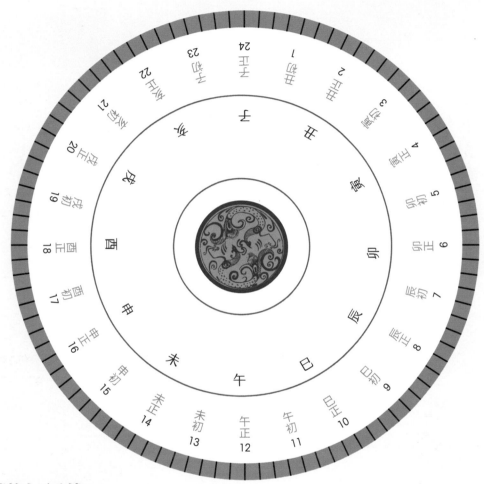

一刻等於十五分鐘

約西周之前,把一天分為一百刻,後來又改百刻為九十六刻、一百零八刻、一百二十刻。所以不同時代每個時辰對應的刻度可能會有差別。《隋書·天文志》中記載,隋朝冬至前後,子時為二刻,寅時、戌時為六刻,卯時和酉時為十三刻。到了清代,官方正式將一天定為九十六刻,一個時辰(兩個小時)分八刻,一小時為四刻,而一刻就是十五分鐘,一直沿用至今。

時辰的劃分

時辰是中國古代的計時方法。古人把一天分為十二個時辰,並用十二地支來表示時辰。如:子時(23:00–1:00)、丑時(1:00–3:00),以此類推。到唐代以後,人們把一個時辰分為初、正兩部分,細化了時間劃分,方便了人們的生活。

晨鐘暮鼓

古代城市實行宵禁,定時開關城門,在有的朝代,早晨開城門時會敲鐘,晚上關城門的時候會擊鼓。鼓響了之後,在城內、城外的人都要及時回家,不然城門一關就回不了家了。

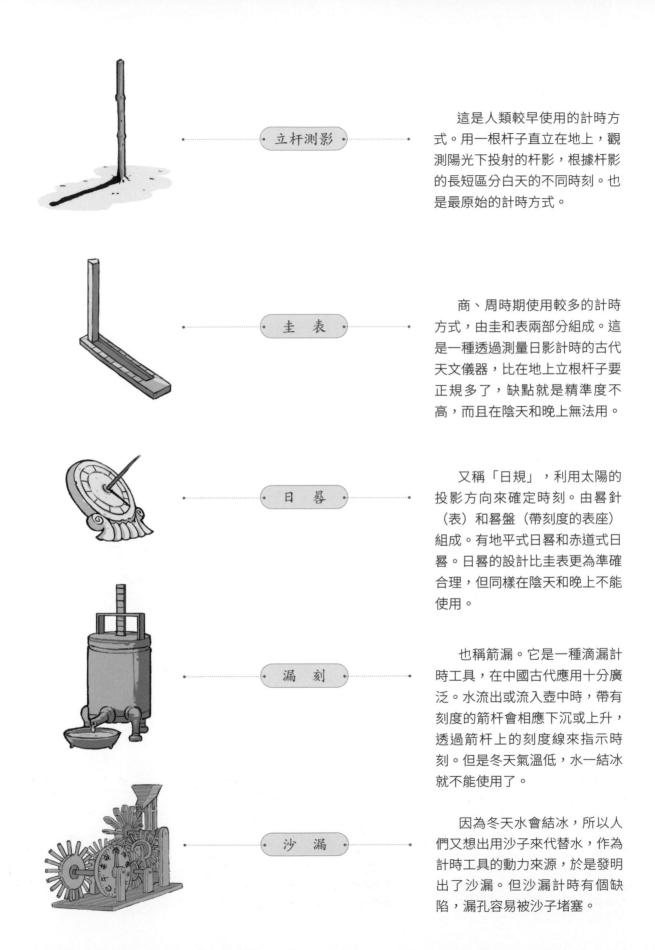

立杆測影

這是人類較早使用的計時方式。用一根杆子直立在地上，觀測陽光下投射的杆影，根據杆影的長短區分白天的不同時刻。也是最原始的計時方式。

圭　表

商、周時期使用較多的計時方式，由圭和表兩部分組成。這是一種透過測量日影計時的古代天文儀器，比在地上立根杆子要正規多了，缺點就是精準度不高，而且在陰天和晚上無法用。

日　晷

又稱「日規」，利用太陽的投影方向來確定時刻。由晷針（表）和晷盤（帶刻度的表座）組成。有地平式日晷和赤道式日晷。日晷的設計比圭表更為準確合理，但同樣在陰天和晚上不能使用。

漏　刻

也稱箭漏。它是一種滴漏計時工具，在中國古代應用十分廣泛。水流出或流入壺中時，帶有刻度的箭杆會相應下沉或上升，透過箭杆上的刻度線來指示時刻。但是冬天氣溫低，水一結冰就不能使用了。

沙　漏

因為冬天水會結冰，所以人們又想出用沙子來代替水，作為計時工具的動力來源，於是發明出了沙漏。但沙漏計時有個缺陷，漏孔容易被沙子堵塞。

詩人逸事

| 俠客行 | 李白

李白好劍術，喜任俠，據他自己以及身邊的朋友說他喜歡打抱不平，為人處世很有俠客之風，作有著名的《俠客行》。

八卦詩人 | 段成式 |

段成式是與李商隱、溫庭筠齊名的詩人，卻靠寫八卦小說出名，所著志怪筆記《酉陽雜俎》，是一本內容豐富的唐朝八卦故事集，力士脫靴的故事就是他記載的。

| 斗酒居士 | 王績

王績曾因好飲酒不管公務而被彈劾，也曾因職位可得三升良酒而再度做官，侍中陳叔達是王績的老朋友，聽到此事，就做主每天配給他好酒一斗，於是王績就得了個「斗酒學士」的綽號。

蜂蜜拌詩 | 張籍

據說，張籍曾癡迷杜甫詩歌，把杜甫的名詩抄下來一首一首地燒掉，再把燒的紙灰拌上蜂蜜吃掉，希望這樣就能寫出和杜甫一樣好的詩了。

| 旗亭賭詩 |

在古代，詩詞皆可配樂而唱，唐朝是詩詞大國，誰的作品被傳唱得最多，就說明誰是當時的人氣偶像。據說，有一次，王昌齡、高適、王之渙相約在旗亭喝酒，恰巧一群梨園弟子登樓宴飲，三人為了證明自己的人氣，邊看他們表演，邊賭誰的詩會被吟唱得最多。

六十年間萬首詩｜陸游｜

陸游，傳世詩作九千三百餘首，曾自言「六十年間萬首詩」。毫無疑問，陸游是當時最高產的一位詩人，而且還多屬佳作。

｜七歲賦詩｜駱賓王

駱賓王自幼天賦過人，據說他七歲時隨口吟成《詠鵝》一詩，被譽為神童。

音樂詩人｜白居易｜

白居易喜愛音樂，詩、酒、樂是他生活的三大樂趣，他會彈琴，能鼓瑟，據《新唐書》記載，白居易九歲就諳通音律。白居易的詩詞作品也常常涉及音樂，著名的有《琵琶行》。

｜李三瘦｜李清照

李清照喜歡以「瘦」字入詞，來形容女子的容貌，並創造了三個因「瘦」而名傳千古的動人詞句。在《鳳凰臺上憶吹簫》中有「新來瘦，非干病酒，不是悲秋」之句，在《如夢令》中有「知否，知否，應是綠肥紅瘦」之句，在《醉花陰》中有「莫道不銷魂，簾捲西風，人比黃花瘦」之句，因此人稱「李三瘦」。

｜賦詩免災｜李涉

據說，李涉有一次去看望自己做江州刺史的弟弟李渤，船行至浣口，忽然遇到一群打家劫舍的盜賊。當打聽到船上之人是李涉時，匪首大喜過望，命部下停下打劫，只求一詩即可，原來這匪首正是李涉的粉絲。李涉當下寫了首詩給匪首，匪首極為開心，不但沒有打劫，還給了他很多財物。

番外篇 詩人們的小酒會

陶淵明　　賀知章

陶淵明　　賀知章

李　　白：我要是喝起來，自己都害怕！

陶淵明：為什麼？

李　　白：五花馬，千金裘，都沒有美酒讓我開心。

陶淵明　　　　　　賀知章

杜甫　　李白

陶淵明　　賀知章

杜　　甫：我陪李白兄喝個夠，再給你們寫首詩，
　　　　　記錄我們酒仙們的故事。

賀知章：杜老弟寫的《飲中八仙歌》很傳神呀！

蘇　軾：喝酒沒有好肉配，豈不是暴殄天物？
眾　人：厲害！蘇老弟真是吃貨本色呀！

詩人的一天
參考書目

（漢）司馬遷，《史記》。

（漢）班固，《漢書》。

（晉）陳壽，《三國志》。

（南朝・宋）劉義慶，《世說新語》。

（南朝・梁）沈約等，《宋書》。

（唐）房玄齡等，《晉書》。

（後晉）劉昫等，《舊唐書》。

（宋）歐陽修、宋祁等，《新唐書》。

（宋）司馬光編撰、（元）胡三省音注，《資治通鑒》。

（宋）王溥，《唐會要》。

（宋）李昉等，《太平廣記》。

（清）董誥等，《全唐文》。

王其鈞，《古建築日讀》，中華書局。

沈從文，《中國古代服飾研究》，商務印書館。

劉永華，《中國歷代服飾集萃》，清華大學出版社。

劉永華，《中國古代車輿馬具》，清華大學出版社。

森林鹿，《唐朝穿越指南》，北京聯合出版公司。

森林鹿，《唐朝定居指南》，北京聯合出版公司。

鍾敬文，《中國民俗史・隋唐卷》，人民出版社。

李芽，《中國歷代女子妝容》，江蘇鳳凰文藝出版社。

李乾朗，《穿牆透壁：剖視中國經典古建築》，廣西師範大學出版社。

侯幼彬、李婉貞，《中國古代建築歷史圖說》，中國建築工業出版社。